Claus Mikosch

Die Weisheiten des kleinen Buddha

W0069961

Claus Mikosch

Die Weisheiten
des kleinen Buddha

HERDER

FREIBURG · BASEL · WIEN

© Verlag Herder GmbH, Freiburg im Breisgau 2022
Alle Rechte vorbehalten
www.herder.de

Umschlagkonzeption: Verlag Herder
Coverillustrationen: © Gert Albrecht
Innenvignetten: www.shutterstock.com

Satz: Arnold & Domnick, Leipzig
Herstellung: GGP Media GmbH, Pößneck

Printed in Germany
ISBN 978-3-451-03328-5

Inhalt

Kleines Vorwort
des Autors

In diesem Büchlein findest du die Geschichten, die der kleine Buddha auf seinen fünf bisherigen Reisen erzählt bekommen hat. Manche dieser Geschichten sind schon viele Hundert Jahre alt, andere noch recht neu. Was sie verbindet, sind die zeitlosen Weisheiten, die in ihnen schlummern.

Die Sätze unter den Geschichten möchten als sanfte Inspirationen verstanden werden. Es sind Einladungen, einige der Weisheiten in deinem eigenen Leben lebendig werden zu lassen.

Das Geheimnis

Eine Gruppe von Mönchen saß mit einer Meisterin zusammen.

„Was ist das Geheimnis deines Glücks?", wollte einer von ihnen wissen.

„Wenn ich hungrig bin, esse ich", antwortete die Meisterin. „Und wenn ich müde bin, schlafe ich."

„Das ist ja schön und gut", entgegnete der Mönch, „aber das tun wir doch alle. Was ist da so Besonderes dran?"

„Nun", sagte die Meisterin, „wenn ihr esst, dann habt ihr dabei tausend Gedanken und seid irgendwo anders, und wenn ihr schlaft, habt ihr in euren Träumen viele Ängste und Wünsche. Doch wenn ich esse, esse ich und sonst nichts. Und wenn ich schlafe, schlafe ich und sonst nichts. Das ist das Geheimnis meines Glücks."

Schenke jedem Moment deine
volle Aufmerksamkeit.

Nach dem Tod

Eine alte Meisterin saß mit einem ihrer Schüler auf einer Bank.

„Was geschieht, wenn wir tot sind?", fragte der Schüler.

„Ich weiß es nicht", antwortete die Meisterin.

„Doch, bitte, du musst es mir sagen!"

„Aber ich weiß es doch nicht", entgegnete die Meisterin erneut.

Der Schüler sah sie zweifelnd an.

„Du bist doch eine große, bekannte Meisterin, die auf alles eine Antwort hat. Wie kann es sein, dass du nicht weißt, was nach dem Tod geschieht?"

„Aber wie soll ich das wissen?", schmunzelte die alte Frau. „Ich bin doch keine tote Meisterin!"

Es gibt ein Leben VOR dem Tod.
Mach das Beste daraus.

Ein mächtiger König

Vor langer Zeit gab es einen sehr mächtigen König, der ein großes Land regierte. Es war ein guter König. Er half den Menschen, so gut er konnte, und er sorgte für Frieden im ganzen Land. Der König wurde sehr respektiert, keiner wagte, etwas Schlechtes über ihn zu sagen, keiner wollte in seine Ungunst fallen.

Der König hatte zahlreiche Minister, die für ihn arbeiteten. Schließlich konnte er ein ganzes Königreich nicht alleine verwalten. Einer seiner Minister stand ihm besonders nahe, über die Jahre hatte sich eine enge Freundschaft zwischen ihnen entwickelt.

Leider war es aber so, dass diese Freundschaft zu Neid unter den anderen Bewohnern des königlichen Hofes führte. Ständig wurde versucht, dem Lieblingsminister des Königs eins auszuwischen. Jedoch immer ohne Erfolg.

Eines Tages saß der König zum Haareschneiden bei seinem königlichen Friseur. Plötzlich rutschte dem Friseur die Schere aus, was zur Folge hatte, dass dem König das rechte Ohr abgetrennt wurde. Der König schnaufte vor Wut. Wie hatte so etwas passieren können?

Schnell sprach sich die Neuigkeit von dem abgetrennten königlichen Ohr am Hofe herum. Einige der Neider hörten ebenfalls von dem Vorfall. Sie beschlossen, die Neuigkeit dem Lieblingsminister zu erzählen. Sie fanden ihn in seinem Haus und berichteten ihm von dem abgetrennten Ohr. Der Minister hörte aufmerksam zu. Anschließend sagte er: „Was auch immer Gott tut, geschieht nur zum Besten."

Die Neider witterten eine Chance. Schnell eilten sie zum König und erzählten ihm von der Reaktion seines Lieblingsministers. „Wie bitte?", sagte der König erbost. „Wie kann er es wagen, zu sagen, dass irgendetwas Gutes daran ist, dass ich mein Ohr verloren habe?" Der König war sehr

zornig über die Reaktion seines Lieblingsministers. So zornig, dass er den Minister ins Gefängnis
einsperren ließ. Die Neider konnten sich ein sieg-
reiches Lachen kaum verkneifen.

So kam es also, dass der Minister bei Wasser
und Brot im Gefängnis saß. Viele Freunde und
Kollegen kamen ihn besuchen. Es war kein schö-
ner Anblick, den sie dort vorfanden. Die Zelle des
Ministers war klein, kalt und dreckig, und auch
der Minister selber war nicht schön anzusehen. Es
war also verständlich, dass sich seine Freunde und
Kollegen Sorgen machten. Aber jedes Mal, wenn
sie ihn fragten, wie es ihm ginge, sagte der Minister: „Mir geht es gut. Ich weiß, dass, was auch immer Gott tut, nur zum Besten ist."

Und tatsächlich, er wirkte überhaupt nicht nie-
dergeschlagen, sondern machte einen den Umständen entsprechend sehr positiven Eindruck.

Dass es dem Minister gut ging, freute seine
Neider natürlich weniger. Wieder gingen sie zum
König und berichteten ihm von den Worten seines

Lieblingsministers. „Nun", sagte der König, „wenn er meint, dass es für ihn das Beste ist, wenn er im Gefängnis sitzt, dann kann er ja ruhig dort bleiben." Dies zauberte ein Lächeln zurück in die Gesichter der Neider.

Somit blieb der Minister also im Gefängnis. Sein Wohlbefinden verschlechterte sich allerdings nicht, weiterhin sagte er, dass Gottes Taten immer nur zum Besten seien.

Einige Wochen vergingen, und allmählich brach die Zeit an, zur Jagd zu gehen. Auch der König war ein leidenschaftlicher Jäger. Eines Morgens machte er sich also auf in den Wald. Er jagte den ganzen Tag.

Doch dann, als die Nacht hereinbrach, wurde der König plötzlich von einer Bande Krimineller überrascht. Wie sich schnell herausstellte, handelte es sich um Kannibalen. Nicht auf des Königs Gold hatten sie es abgesehen, sondern auf sein Fleisch.

Sie schleiften ihn zu ihrem geheimen Versammlungsplatz, wo schon ein riesiger Kessel auf dem Feuer stand. Der König wurde zum Kochen vorbereitet.

Kurz bevor sein Leben zu Ende zu sein schien, kam der Medizinmann der Kannibalen zu ihm und inspizierte ihn von Kopf bis Fuß. Auf einmal gab es ein großes Geflüster unter den Kannibalen und binnen weniger Augenblicke wurde der König wieder auf freien Fuß gesetzt. Was war passiert?

Nun, das „kannibalische Reinheitsgesetz" schrieb vor, dass nur solche Menschen gegessen werden durften, deren Körper in einem makellosen Zustand waren. Als der Medizinmann den König untersuchte, hatte er gesehen, dass ihm ein Ohr fehlte, und somit war der König auf einmal für die Kannibalen uninteressant geworden. Der König war gerade noch dem kochenden Kessel entkommen.

Wieder zurück in seinem Palast fiel dem König ein, was sein Minister gesagt hatte. Er hatte in der Tat recht gehabt. Hätte der Friseur ihm nicht das Ohr aus Versehen abgeschnitten, wäre er mittlerweile wohl schon in den Bäuchen der Kannibalen gelandet. Der König ließ sofort den Minister aus dem Gefängnis befreien und bestellte ihn zu sich. Er erzählte dem Minister, was ihm im Wald widerfahren war, und gestand, dass er ihm unrecht getan hatte. Dennoch war der König noch nicht ganz von den weisen Worten seines Lieblingsministers überzeugt.

„Ich begreife ja jetzt, dass es für mich das Beste war, dass ich mein Ohr verloren habe. Aber warum soll es für dich gut gewesen sein, dass du im Gefängnis gesessen hast?"

„Diese Frage kann ich dir ganz einfach beantworten", sagte der Minister. „Normalerweise wäre ich mit dir zusammen auf die Jagd gegangen, und somit hätten die Kannibalen auch mich gefangen genommen. Du bist mit dem Leben davongekommen, weil dir ein Ohr fehlte. Mein Körper ist jedoch in einem makellosen Zustand und deswegen hätte ich die Reinheitsprüfung der Kannibalen bestanden und wäre gekocht worden.

Wie du siehst: Was auch immer Gott tut, geschieht nur zu unserem Besten!"

Vertraue deinem Schicksal
und lass los.

Chancen

Es war einmal ein Bauer, der hatte den ganzen Tag über an allem etwas auszusetzen, an seiner Arbeit, seiner Ehefrau und an dem Ort, in dem er lebte.

Eines Tages verletzte er sich am Rücken und konnte die harte Arbeit auf dem Feld nicht weiter verrichten. Doch anstatt sich eine andere Arbeit zu suchen, blieb er von da an zu Hause und nörgelte noch viel mehr.

Einige Monate vergingen, dann verließ ihn seine Frau. Der Bauer war am Boden zerstört und schrieb ihr viele Briefe, in denen er sie beschuldigte, wie unglücklich sie ihn gemacht hatte. Und obwohl er mit ihr zusammen auch nicht glücklich gewesen war, flehte er sie an zurückzukommen.

Doch sie kam nicht.

Alleine und ohne Arbeit igelte er sich in seinem Haus ein. Dabei wurde seine Laune immer schlechter und er beklagte sein Los mehr denn je. Dann geschah es, dass er eines Abends einen Stuhl zu nah am brennenden Kamin stehen ließ. Der Stuhl fing Feuer und kurz darauf stand das ganze Haus in Flammen. Nachdem er bereits seine Arbeit und seine Frau verloren hatte, wollte der Bauer unter keinen Umständen auch noch sein Haus verlieren. Er war fest entschlossen, sein Eigentum gegen das Feuer zu verteidigen. Doch es war ein vergeblicher Kampf und es dauerte nicht lange, bis der Bauer in Rauch und Flammen umkam.

Als er im Himmel Gott begegnete, beklagte er sich wütend und enttäuscht:

„Ich wollte einfach nur glücklich sein, doch anstatt mir zu helfen, hast du mir ständig Steine in den Weg gelegt."

„Da hast du mich leider falsch verstanden", erwiderte Gott. „Als ich gesehen habe, dass du nicht glücklich bist und nur gemeckert hast, wollte ich dir sehr wohl helfen. Zuerst habe ich also dafür gesorgt, dass du die Arbeit auf dem Feld aufgeben musst, damit du dir einen anderen Beruf suchst. Dann habe ich dir deine Frau weggenommen, damit du nach einer glücklicheren Beziehung Ausschau hältst. Und schließlich wollte ich dich aus deinem Haus vertreiben, damit du einen Ort findest, an dem du nichts zu bemängeln hast. Aber du hast dich gegen alle diese Veränderungen gewehrt ...“

In jeder Krise steckt
der Wendepunkt zu einem
besseren Leben.

Unerfüllte Träume

Es war einmal eine Frau, die sich nichts sehnlicher wünschte, als ein Kind zu haben. Schon immer hatte sie davon geträumt, eines Tages Mutter zu sein.

Sie heiratete und zusammen mit ihrem Mann versuchte sie viele Jahre, schwanger zu werden. Doch ohne Erfolg.

Sie begann zu verzweifeln und wechselte sogar den Ehepartner in der Hoffnung, dass es mit einem anderen endlich klappen würde. Doch wieder passierte nichts.

Als ihr schließlich verschiedene Ärzte sagten, sie sei inzwischen zu alt, um Kinder zu bekommen, brach für sie eine Welt zusammen. Ihr großer Lebenstraum schien unerfüllt zu bleiben, wie sollte sie je glücklich werden? Doch dann hörte sie von einem Zauberer, der darauf spezialisiert war, Menschen mit unerfüllten Träumen zu helfen.

Sofort schöpfte sie neue Hoffnung und machte sich auf zu ihm.

„Bitte, du musst mir helfen!", flehte sie ihn an und erzählte ihre Geschichte.

Der Zauberer hörte aufmerksam zu und als sie geendet hatte, schaute er sie mitfühlend an.

„Ich fürchte, die Ärzte haben recht: Du bist bereits zu alt. Dein Körper ist nicht mehr in der Lage, ein Kind zu bekommen."

„Aber du bist doch der Zauberer, der den Menschen mit ihren unerfüllten Träumen hilft, oder etwa nicht?"

„Das ist richtig", erwiderte der Zauberer. „Aber ich kann die Realität genauso wenig ändern wie du. Niemand kann das."

Enttäuscht ließ die Frau ihren Kopf hängen. Sie wollte sich gerade abwenden, da ergriff der Zauberer noch einmal das Wort.

„Allerdings gibt es etwas anderes, was ich für dich tun könnte."

Gebannt sah die Frau ihn an. „Was denn?"

Der Zauberer lächelte, dann sprach er mit ruhiger Stimme:

„Ich kann dir helfen, einen anderen Traum zu suchen."

Akzeptiere die Realität, aber
höre nie auf zu träumen.

Die mutige Witwe

Mit zwanzig Jahren hatte die Frau ihren Mann geheiratet. Es war eine wunderschöne Hochzeit gewesen, ein großes Fest mit all ihren Freunden und der gesamten Familie. Sie waren beide sehr glücklich und wollten Kinder haben. Doch ein Jahr später starb ihr Mann ganz plötzlich: Er war mit seinem Fischerboot in einen schweren Sturm geraten und ertrunken. Durch den Unfall war die Frau über Nacht zur Witwe geworden. Für sie war damals eine Welt zusammengebrochen, wochenlang hatte sie nur geweint.

Nach einigen Monaten der Trauer ging es ihr dann aber langsam wieder besser. Sie wollte einen Neuanfang starten, denn schließlich lebte sie. Es stellte sich jedoch schnell heraus, dass ein Neuanfang in ihrem Dorf unmöglich war. Die Leute waren der Meinung, eine Witwe müsste ihr restliches Leben in Trauer verbringen. So wollte es die Tradition. Sie sollte keinen neuen Mann haben dürfen, nie mehr lachen, nie mehr glücklich sein. Sie kam sich vor, als wäre sie selbst auch ertrunken.

Eine ganze Zeit lang fügte sie sich dieser Tradition, denn sie war zu schwach, um sich gegen die Meinung der anderen zu wehren. Irgendwann erreichte sie dann aber den Punkt, an dem sie eine Entscheidung treffen musste: entweder in ihrem Heimatdorf zu bleiben, alleine und für ewig traurig, oder irgendwo anders ein neues Leben anzufangen. Und vielleicht wieder glücklich zu werden.

Sie liebte ihr Dorf, das Meer, und auch ihre Freunde und ihre Familie. Aber all das schien wertlos, wenn sie gezwungen war, unglücklich zu sein. Die mutige Witwe dachte noch oft an ihren verstorbenen Mann, denn schließlich hatte sie ihn sehr geliebt. Aber sie war der Meinung, dass sie lange genug getrauert hatte, und deshalb wollte sie nach vorne schauen. Da sie das in ihrem Dorf nicht konnte, entschied sie sich für einen Neuanfang woanders. Sie beschloss, ein völlig neues Lebenskapitel aufzuschlagen.

Manchmal musst du den Mut aufbringen, einfach loszugehen.

Der besorgte Schüler

Ein Meister und sein Schüler waren nach einer Pilgerreise auf dem Rückweg zu ihrem Tempel. Gegen Mittag kamen sie an einen Fluss, den sie durchqueren mussten. Am Ufer stand eine alte Frau, die verzweifelt überlegte, wie sie auf die andere Seite gelangen sollte. Es gab keine Brücke und sie hatte Angst vor der Strömung. Ohne weiter nachzudenken, bot ihr der Meister seine Hilfe an. Die Frau nahm sein Angebot dankend an und er trug sie auf seinem Rücken durch den Fluss. Auf der anderen Seite setzte der Meister die Frau ab und dann gingen sie wieder getrennte Wege.

Der Schüler war hinter seinem Meister durch den Fluss gestapft und hatte mit Entsetzen beobachtet, wie dieser die Frau getragen hatte. Ihre Religion untersagte es ihnen nämlich, Frauen zu berühren. Während sie weiter in Richtung Tempel marschierten, musste der Schüler unaufhörlich über die Sünde des Meisters nachdenken. Wie um alles in der Welt hatte er es wagen können, die Frau auf seinem Rücken zu tragen? Sicherlich würde ihn Gott dafür bestrafen. Und was, wenn auch er eine Strafe erhielte? Schließlich hatte er ihn nicht von der unwürdigen Tat abgehalten. Den ganzen Nachmittag machte er sich große Sorgen darüber, was nun mit ihnen passieren würde.

Kurz bevor sie den Tempel erreichten, hielt er es nicht länger aus und sprach den Meister auf sein Unbehagen an.

„Wie konntest du nur die Frau über den Fluss tragen? Du weißt doch, dass es uns nicht erlaubt ist, Frauen zu berühren."

Der Meister blieb ruhig und ging einfach weiter. Er hatte sehr wohl bemerkt, dass sein Schüler unentwegt über das Geschehnis am Fluss gegrübelt hatte. Schließlich brach er sein Schweigen:

„Du hast recht, ich habe die Frau berührt und über den Fluss getragen, obwohl wir keine Frauen berühren sollen. Aber ich habe sie sofort wieder losgelassen. Du bist derjenige, der sie seitdem in seinen Gedanken trägt."

Wie wundervoll wäre es, würden
wir uns nicht ständig an unsere
Sorgen klammern.

Der kluge Professor

Vor vielen Jahren segelte ein großes Schiff mit Namen „Desperado" von der einen Seite des Ozeans zur anderen. An Bord waren der Kapitän und seine Besatzung, die Fracht und ein Professor. Der Professor hatte zwei Jahre lang geforscht und kehrte nun in seine Heimat zurück.

Auf der langen Schifffahrt passierte es recht häufig, dass der Kapitän und seine Besatzung in der Kabine des Professors saßen, um von dessen Weisheiten zu lernen. Manchmal prüfte der Professor das Allgemeinwissen seiner Zuhörer.

„Nun sagt mir, was wisst ihr über Geografie?", fragte er zum Beispiel.

„Wir haben keine Ahnung, was das ist", antworteten sie.

„Was? Ihr wisst nicht, was Geografie ist? Mein Gott. Geografie ist die Wissenschaft der Erde. Was habt ihr bloß mit eurem Leben angefangen?"

Der Kapitän und seine Besatzung waren leicht verlegen. „Was hatten sie bloß mit ihrem Leben angefangen? Warum wussten sie nicht, was Geografie war?" Sie alle fühlten sich ziemlich dumm.

An einem anderen Tag versammelten sich der Kapitän und seine Besatzung wieder in der Kabine des Professors. Dieser wollte erneut herausfinden, was seine Zuhörer wussten.

„Dann sagt mir doch mal, was ihr über Mathematik wisst?"

„Wir haben keine Ahnung, was das ist."

„Wie bitte? Ihr wisst auch nicht, was Mathematik ist? Mathematik ist die Wissenschaft der Zahlen. Ihr habt euer ganzes Leben verschwendet, ich kann's gar nicht glauben."

Der Kapitän und seine Besatzung waren jetzt noch verlegener. Es schien, als ob sie wirklich sehr dumm wären, und ihr Leben wirkte auf einmal völlig wertlos.

Einige Tage später saßen alle wieder in der Kabine des Professors.

„Ich will euch noch eine Frage stellen: Was wisst ihr über Biologie?"

„Bitte sagen Sie es uns, wir haben keine Ahnung."

„Das gibt's doch überhaupt nicht! Ihr wisst auch nicht, was Biologie ist? Biologie ist die Wissenschaft der Zellen und der Tiere und ... Was wisst ihr eigentlich? Wie ich euch bereits gesagt habe, ihr scheint wirklich euer ganzes Leben verschwendet zu haben."

Der Kapitän und seine Besatzung waren wiederum sehr verlegen und sie fühlten sich mittlerweile fast schon deprimiert – was hatten sie bloß mit ihrem Leben gemacht?

Zwei Tage später segelte die „Desperado" durch einen schweren Sturm. Auf einmal kam einer der Matrosen zur Kabine des Professors gelaufen und klopfte aufgeregt an die Tür.

„Professor, kommen Sie schnell raus!"

Der Professor öffnete die Tür.

„Wie kannst du es wagen, mich bei der Arbeit zu unterbrechen? Was willst du?"

„Der Sturm hat das Schiff schwer beschädigt, wir müssen alle über Bord springen und um unser Leben schwimmen …"

„Hmmm … schwimmen? Ich weiß nicht, wie man schwimmt."

„Nein? Sie wissen nicht, wie man schwimmt? Oh Professor, dann haben Sie aber ein großes Problem … Ihr ganzes Leben haben Sie verschwendet!"

Wissen ist relativ.
Du allein entscheidest,
was wirklich wichtig ist
in deinem Leben.

Die glückliche Bäckerin

Ein Geschäftsmann war in ein kleines Dorf gezogen. Als er zum ersten Mal in die Bäckerei des Dorfes kam, verliebte er sich sofort in das Brot. Er war begeistert von dem herrlichen Duft und dem besonderen Geschmack.

Nach getaner Arbeit saß die Bäckerin oft glücklich mit einem Buch auf der Bank direkt vor ihrer Bäckerei. Eines Tages, als sie wieder einmal friedlich dort verweilte und las, betrat der Geschäftsmann die Bäckerei, kaufte einen frischen Laib und setzte sich dann neben sie.

„Sie sind die Bäckerin, nicht wahr?", fragte er, woraufhin sie nickte.

„Ich habe etwas über ihr wundervolles Brot nachgedacht und dabei eine Idee gehabt, die ich Ihnen gerne erzählen würde."

„Ideen höre ich mir immer gerne an", sagte sie. „Also, legen Sie los."

Und der Geschäftsmann legte los.

„Ich habe schon in vielen verschiedenen Dörfern und Städten gelebt und so gutes Brot wie Ihres habe ich noch nirgendwo gegessen."

Sie lächelte, denn über solche Komplimente freute sie sich natürlich.

Der Geschäftsmann fuhr fort.

„Warum machen Sie nicht im nächsten Dorf auch noch eine Bäckerei auf? Ihr Brot würde sich überall gut verkaufen. Sie könnten einfach jemandem Ihre Brotbackkunst beibringen und dieser Jemand backt dann Ihr Brot für Sie in einem anderen Dorf. Wenn Sie dann noch eine andere Person einstellen, um das Brot zu verkaufen, dann hätten Sie eine zweite Bäckerei."

„Und dann?", wollte die Bäckerin wissen.

„Wenn die zweite Bäckerei auch erfolgreich ist, dann müssten Sie weitere Leute in Ihrer Brotkunst ausbilden. Wenn Sie das gemacht haben, dann könnten Sie mithilfe eines Bankkredits Ihre Bäckereien in vielen verschiedenen Dörfern und Städten eröffnen."

„Und dann?"

„Wenn irgendwann alles gut läuft, dann werden Sie genug Geld verdienen, um andere Leute einstellen zu können. Ihre Angestellten werden Ihnen dann die ganze Arbeit abnehmen. Um das zu erreichen, brauchen Sie natürlich Geduld und Ausdauer, einige Jahre oder vielleicht sogar ein Jahrzehnt könnte es schon dauern. Aber Sie werden sehen, es lohnt sich. Sie werden viel Geld verdienen, ohne dafür arbeiten zu müssen."

„Und dann?"

„Dann werden Sie alle Zeit der Welt haben, um machen zu können, wozu Sie wirklich Lust haben."

„Was denn zum Beispiel?", wollte sie wissen.

Der Geschäftsmann musste kurz nachdenken, hatte aber sogleich eine Idee.

„Sie könnten zum Beispiel gemütlich hier sitzen und ein schönes Buch lesen ...“

Wie einfach es doch ist, das Leben kompliziert zu machen.

Der neugierige Nomade

Es war einmal ein neugieriger Nomade. Er war noch recht jung und zog mit seinem Stamm über das Land. Nie verbrachten sie mehr als ein paar Nächte am selben Ort, stets waren sie unterwegs.

Ihr Leben war eine einzige große Reise.

Der junge Nomade stellte immer unheimlich viele Fragen. Über das Glück und die Liebe, über Veränderung und Zeit. Kurzum: über das Leben.

Eines Tages fragte er sich, wo denn eigentlich das Zuhause der Nomaden war. Sie hielten sich ja nie lange an einem Ort auf – hatte ein Nomade überhaupt ein Zuhause?

Er lief zum Ende der Karawane und fragte den Krieger, der dort Wache hielt.

„Wo ist unser Zuhause?"

Der Krieger schaute ihn mit ernster Miene an und dachte eine Weile angestrengt nach. Schließlich brummte er:

„Nirgendwo."

Der neugierige Nomade fühlte, wie eine Traurigkeit in ihm aufstieg. Er hatte also richtig vermutet: Sie hatten kein Zuhause. Sie waren umherschweifende, heimatlose Vagabunden.

Da der neugierige Nomade aber aus Erfahrung wusste, dass es auf fast jede Frage mehrere Antworten gab, wollte er sicherheitshalber eine zweite Meinung hören.

Also kehrte er um und lief ein Stück nach vorne bis zur Mitte der Karawane. Neben der Köchin des Stammes blieb er stehen.

„Wo ist unser Zuhause?", fragte er, leicht außer Atem.

Die Frau lächelte, sah zu den anderen Nomaden und ließ dann ihren Blick über das Land und die Hügel bis zum Horizont wandern. Schließlich sagte sie:

„Überall."

Der neugierige Nomade mochte diese Aussage viel lieber als die des Kriegers. Er freute sich –

hatten sie also doch ein Zuhause und ein unendlich großes noch dazu!

Aber dann zögerte er. Wer hatte nun recht, der Krieger oder die Köchin? War ihr Zuhause nirgendwo oder überall?

Da er weiter zweifelte und keine eindeutige Antwort bekommen hatte, beschloss er, eine dritte Person zu befragen. Der neugierige Nomade machte das oft, wenn er sich nicht sicher war. Besser eine Frage zu viel als eine zu wenig, dachte er sich immer.

Also lief er zur Spitze der Karawane, wo die Stammesälteste mit langsamen Schritten voranging.

„Wo ist unser Zuhause?", fragte er sie. „Überall oder nirgendwo?"

Die Stammesälteste spazierte schweigend weiter. Erst nach einer kleinen Ewigkeit antwortete sie: „Überall."

Zum Glück, dachte der neugierige Nomade. Doch seine Freude währte nur kurz.

„Und nirgendwo", fügte die Stammesälteste hinzu.

„Aber wie kann das sein?", fragte er enttäuscht und verwirrt. „Wie kann mein Zuhause überall und gleichzeitig nirgendwo sein?"

„Nein, nicht gleichzeitig", sagte die Frau. „Du entscheidest in jedem Moment aufs Neue, wo es ist."

„Und wie entscheide ich das?", drängte der neugierige Nomade.

Die Stammesälteste hielt einen Augenblick inne.

„Es kommt darauf an, wen du fragst."

„Wen ich frage?"

„Ja. Deinen Verstand oder dein Herz."

Hör auf dein Gefühl,
dann weißt du,
wenn du angekommen bist.

Die weisen Bäume

Ein alter Mann hatte alle seine Enkel um sich versammelt, um ihnen eine Geschichte zu erzählen.

„Es lebten einmal zwei Bäume, die gute Freunde waren. Es waren sehr kluge Bäume, denn sie wussten, dass sie viel länger leben würden, wenn sie langsam wachsen. Die anderen Bäume in ihrem Alter hatten jedoch andere Prioritäten: Sie versuchten, so schnell wie möglich in den Himmel zu schießen."

Die Kinder hörten dem Großvater gespannt zu.

„Zwanzig Jahre vergingen. Während die zwei Freunde lediglich fünf Meter groß waren, gab es schon einige andere Bäume, die zwar halb so dick, aber dafür doppelt so hoch waren. Von oben schauten sie herab und lachten die kleinen Bäume aus. Doch dann zog eines Tages ein gewaltiger Sturm auf. Mit wilden Winden tobte er umher und prüfte die Standfestigkeit eines jeden Wald-bewohners. Die größten Bäume, die noch vor Kur-zem die anderen ausgelacht hatten, fielen bei die-ser Prüfung sang- und klanglos durch und wur-den im Sturm umgerissen.

„Und die zwei Freunde?", wollte eines der Kin-der wissen.

„Die zwei Freunde hatten den Sturm unbescha-det überstanden", antwortete der Großvater. „Aber es gab immer noch genügend andere Bäume, die ebenfalls schnell hoch hinaus wollten. Jahr für Jahr wuchsen sie um die Wette, immer dem endlo-sen Himmel entgegen. Die zwei Freunde hielten derweil an ihrem ursprünglichen Plan fest und wuchsen langsam weiter."

„Und dann?"

„Fünfzig Jahre waren vergangen. Die zwei Freunde waren mittlerweile zehn Meter groß. Ei-nige andere Bäume hatten zu diesem Zeitpunkt allerdings schon Höhen von bis zu dreißig Metern erreicht. Doch das schnelle Wachstum hatte einen

Preis: Sie hatten alle Kraft ins Wachsen gesteckt – als eine schwere Pilzkrankheit umherging, waren sie zu schwach, um sich gegen den Pilzbefall zu wehren. Es dauerte nicht lange, da fielen sie tot in sich zusammen."

„Und die zwei Freunde?", erkundigte sich ein anderes Kind besorgt.

„Den zwei Freunden hatte die Krankheit nichts anhaben können", sagte der Großvater. „Aber es gab immer noch einige Bäume, die nichts gelernt hatten und das Wettrennen zum Himmel fortsetzten. Die zwei Freunde ließen sich unterdessen nicht aus der Ruhe bringen und entwickelten sich langsam weiter. Sie wussten, dass Kraft und Weisheit nicht an einem Tag wachsen."

„Und dann?"

„Hundert Jahre waren vergangen. Unsere beiden Freunde waren inzwischen über zwanzig Meter groß. Doch das war nichts, verglichen mit einigen anderen Bäumen. Über vierzig Meter ragten sie in die Höhe. Aber während die zwei Freunde auch in die Erde gewachsen waren, indem sie ihre Wurzeln tief unter sich ausgebreitet hatten, waren die anderen Bäume nur in den Himmel gewachsen. Als eine schwere Dürre die obere Erdschicht austrocknete, verdursteten alle Bäume. Alle, bis auf die zwei Freunde."

Die Kinder strahlten vor Freude und dachten, das glückliche Ende sei erreicht. Doch weit gefehlt.

„Die zwei Freunde lebten dreihundert, fünfhundert und sogar tausend Jahre weiter. Irgendwann merkten sie allerdings, dass sie so groß geworden waren, dass neue Bäume immer weniger

Platz hatten, um ebenfalls zu wachsen. Sie waren die größten und stärksten Bäume, die es je gegeben hat, aber auch die einsamsten und traurigsten."

Der Großvater guckte in entsetzte Gesichter.

„Die Armen!", riefen einige der Kinder.

Für einen langen Augenblick herrschte großes Bangen, dann erlöste der Großvater sie von ihren Qualen.

„Zum Glück waren die zwei Freunde aber nicht nur kluge, sondern inzwischen auch weise Bäume. Sie waren bereit, zu lernen und sich einer neuen Situation anzupassen."

„Und was haben sie gemacht?", drängten die Kinder.

„Sie beschlossen, nicht weiter zu wachsen und stattdessen den anderen Bäumen Platz zu lassen. Und nicht nur das: Sie halfen ihnen mit ihrem Wissen, indem sie ihnen vom Geheimnis des langsamen Wachsens erzählten. So konnten einige von ihnen ebenfalls zu großen Riesen werden – und die zwei Freunde waren nicht mehr allein."

Der Weg ist nicht:
höher, schneller, weiter,
sondern: tiefer und intensiver.

Zwei Brüder

Vor vielen Jahren lebten zwei Brüder, beide leidenschaftliche und begabte Flötenspieler. Sie wohnten am Rande einer großen Stadt und spielten jeden Tag viele Stunden auf ihren Instrumenten. Der ältere der beiden übte besonders viel, oft bis spät in die Nacht hinein, denn er wollte der beste Flötenspieler im ganzen Land werden. Er spielte die Tonleitern unzählige Male hinauf und hinunter und studierte immer schwierigere Stücke ein. Nur selten verließ er das Haus.

Eines Tages beschloss der jüngere Bruder, in die Stadt zu gehen und auf der Straße zu spielen, um die wundervollen Klänge mit anderen zu teilen. Sein älterer Bruder rümpfte die Nase, als er davon hörte.

„Die einfachen Leute wissen unsere Musik doch überhaupt nicht zu schätzen. Ich sage dir, du vergeudest deine Zeit – bleibe lieber zu Hause und übe fleißig."

Der jüngere Bruder ließ sich jedoch nicht von seinem Vorhaben abbringen und begann, jeden Nachmittag auf dem großen Marktplatz seine Flöte zu spielen. Die Leute freuten sich über die Musik und schon bald wuchs die Zahl seiner Zuhörer.

Und nicht nur das: Nach einigen Wochen gesellte sich ein Trommler zu ihm und bald darauf kamen auch noch ein Sitarspieler und eine Sängerin hinzu. Zusammen musizierten sie mit viel Eifer und Freude und bereicherten den Stadtalltag mit ihrer Kunst.

Unterdessen verbrachte der ältere Bruder weiterhin jeden Tag alleine in seinem Zimmer und übte wie ein Besessener, getrieben von dem Wunsch, irgendwann der Beste zu sein und berühmt zu werden.

So vergingen einige Monate. Dann stürmte eines Abends der jüngere Bruder ins Haus. „Der Bürgermeister hat uns heute besucht und uns eingeladen, nächste Woche beim großen Stadtfest aufzutreten!"

Der ältere Bruder schaute ihn ungläubig an.

„Meinst du das im Ernst?"

„Natürlich. Du kommst doch auch, oder?"

Bisher hatte sich der ältere Bruder kein einziges Mal bei den täglichen Auftritten blicken lassen. Er hielt es immer noch für die reinste Zeitverschwendung, auf der Straße zu spielen.

„Vielleicht", sagte er gleichgültig und versuchte dabei, seinen aufkommenden Neid zu verbergen.

Der Tag des großen Auftrittes kam. Obwohl es ihn viel Überwindung kostete, mischte sich der ältere Bruder ebenfalls unter das Publikum. Er wurde Zeuge eines fantastischen Konzerts – jedes Lied sorgte für Gänsehaut und überall sah er strahlende Gesichter. Zum Schluss hörten die Menschen gar nicht mehr auf zu klatschen, so begeistert waren sie.

Während die Gruppe eine letzte Zugabe spielte, wurde dem älteren Bruder auf einmal klar, wie dumm er sich verhalten hatte. Immer nur alleine in seiner Kammer zu üben machte ihn vielleicht zu einem besseren Flötenspieler, aber es machte weder ihn selbst noch andere glücklich. Er erkannte, dass es sich mit der Musik wie mit der Liebe verhält: Sie ist zum Teilen da! Und nur wenn sie geteilt wird, kann sie wachsen.

Noch am selben Abend fragte er also seinen Bruder und die anderen Musiker, ob er auch bei ihnen mitspielen dürfe. Alle stimmten zu und von da an war er Teil der Gruppe und half mit, die wundervollen Klänge in die Welt hinauszutragen.

Liebe braucht den Austausch.
Sie blüht erst auf,
wenn sie geteilt wird.

Der Bienenschwarm

Vor langer Zeit lebte eine Königin mit ihrer Tochter in einem fernen Land. Die Tochter war wunderschön und hatte zahlreiche Verehrer. Als sie alt genug war, um zu heiraten, sollte sie sich ihren zukünftigen Mann aussuchen. Die Prinzessin wählte drei der Verehrer aus, aber sie konnte sich nicht entscheiden, welcher von ihnen wohl der beste Ehemann wäre. Also bat sie ihre Mutter um Hilfe. Die Königin ließ die drei Männer auf den königlichen Hof kommen und stellte ihnen eine Aufgabe: „Geht in den Wald und bringt meiner Tochter frischen Honig!"

Am nächsten Tag zogen die Verehrer los. Noch am selben Abend fand der erste einen kleinen Bienenstock. Langsam näherte er sich an, Schritt für Schritt. Doch dann stach ihn eine Biene mitten auf die Nase. Erschrocken wandte sich der Mann um und rannte, als ob es um sein Leben ginge.

Ohne Honig kam er am Palast an und überbrachte der Prinzessin die enttäuschende Nachricht.

Der zweite Mann hatte ebenfalls den kleinen Bienenstock gesehen, doch er wollte der Prinzessin gleich ein ganzes Fass mit Honig bringen. So setzte er seine Suche fort und nach einigen Tagen fand er tatsächlich einen riesengroßen Bienenstock. Mutig marschierte er darauf zu, doch auch er wurde im Gesicht gestochen. Da erfasste ihn eine große Wut und er begann, wild um sich zu schlagen. Durch seine hektischen Bewegungen wurde das gesamte Bienenvolk aufgescheucht und während er noch versuchte, den begehrten Honig einzusammeln, griffen ihn immer mehr Bienen an, denn sie wollten ihr Heim verteidigen. Völlig übersät mit Stichen, gab er schließlich auf und kehrte mit leeren Händen zu der Prinzessin zurück. Er konnte von Glück sagen, dass er überhaupt lebend aus dem Wald herausgefunden hatte.

Auch der dritte Verehrer fand einen Bienenstock, weder zu groß noch zu klein. Vorsichtig näherte er sich, doch auch er wurde gestochen. Anstatt jedoch in Panik wegzulaufen oder die Bienen anzugreifen, setzte er sich in einiger Entfernung auf einen umgefallenen Baum und wartete. Er beobachtete das fleißige Treiben der kleinen Tierchen und überlegte, wie er ihr Vertrauen gewinnen könnte. Schließlich hatte er eine Idee: An einem Bach füllte er eine alte Baumrinde mit Wasser und stellte diese neben den Bienenstock. Schon bald fingen die Bienen an, ihren Durst zu löschen.

Mehrere Tage verbrachte der Mann in unmittelbarer Nähe des Bienenvolks. Immer wieder brachte er den Bienen frisches Wasser und wartete geduldig in der Hoffnung, dass sie ihn bald nicht mehr als Gefahr ansehen würden. Und tatsächlich: Nach einer Woche näherte er sich ihnen behutsam und keine der Bienen stach ihn. Sie gingen einfach ihrer Arbeit nach und ließen es sogar zu, dass er sich etwas von ihrer süßen Nahrung nahm. Er bedankte sich bei den Bienen und kehrte mit einem vollen Glas Honig zum Palast zurück.

Schon in der folgenden Woche fand die Hochzeit statt und von da an lebte die Prinzessin glücklich mit ihrem Mann zusammen.

Einige Jahre später fragte die Prinzessin ihre Mutter, woher sie gewusst hatte, dass die Prüfung mit der Honigsuche helfen würde, den richtigen Ehemann auszusuchen.

„Die Liebe ist wie ein Bienenschwarm", sagte die Königin daraufhin. „Sie kann dich verletzen, dich sogar töten – sie kann dir aber auch den süßesten Honig geben, den du je gegessen hast. Um den Honig zu bekommen, darfst du nicht gierig sein und den Bienen alles wegnehmen wollen. Du musst sie gut behandeln und sie stets respektieren. Und du darfst keine Angst davor haben, dass dir wehgetan wird. Ansonsten rennst du bei dem ersten Stich davon ..."

Lausche der Stimme
deines Herzens.

Die unglückliche Meeresschnecke

Vor vielen Jahren lebte eine Meeresschnecke, die schrecklich unglücklich war. Wie alle Schnecken trug sie ihr Haus auf dem Rücken, doch sie fand ihr Haus nicht nur hässlich, sondern vor allem viel zu schwer. Sie konnte nur kriechend vorankommen – wie sollte sie so die Welt erkunden? Denn die Welt zu erkunden, das war ihr großer Traum.

Eines Tages beschloss sie daher, sich von ihrem Haus zu trennen. Sie schüttelte sich, so stark sie konnte, doch da das Haus schwer war und die Schnecke sich nur sehr langsam schütteln konnte, blieb das Haus genau dort, wo es war: auf ihrem Rücken.

„Ich finde unsere Häuser wunderschön", sagte eine befreundete Schnecke zu ihr. „Bist du sicher, dass dein Haus dir nicht gefällt?"

„Ja", antwortete die Meeresschnecke. „Und außerdem: Was nützt mir seine Schönheit, wenn es mich nicht glücklich macht?"

Sie musste einen anderen Weg finden, ihr lästiges Haus loszuwerden.

Also kroch sie einen Felsen hinauf und hoffte, dass ihr Haus zerbrechen würde, wenn sie sich von oben hinunterstürzte.

Doch ihr viel zu langsamer Absprung führte dazu, dass sie die Felswand hinunterkugelte und lediglich gut durchgeschüttelt wurde. Als sie schließlich sanft auf einem Stein im Wasser landete, zerschellte nicht ihr Haus, sondern ein Teil ihrer Hoffnung.

Aber noch wollte sie nicht aufgeben. Sie überredete zwei befreundete Schnecken, ihr das blöde Haus vom Rücken zu ziehen. Die anderen beiden Schnecken zogen kräftig, aber auch halbherzig, weil sie von der Idee der Schnecke nicht überzeugt waren. Ihr Versuch blieb somit erfolglos.

„Sei doch nicht dumm", sagte eine andere Schnecke, die gerade vorbeigekrochen kam. „Wir brauchen unser Haus, es gibt uns Sicherheit."

„Aber was nützt mir Sicherheit, wenn ich nicht glücklich bin?", entgegnete die Meeresschnecke und unternahm einen letzten Versuch. Vielleicht ließ sich ihr Haus abschütteln, wenn sie sich nicht mehr darin zurückzog, sondern sich pausenlos fortbewegte. Irgendwann musste das schwere Ding doch abfallen, dachte sie. Und so begann die unglückliche Meeresschnecke zu kriechen. Tag und Nacht, immer weiter. Sie kroch über harte Felsen und sandigen Untergrund, mal tief unter Wasser und sogar oben an der Küste entlang. Dabei verfluchte sie ihr Haus in jedem Moment und wünschte sich nichts sehnlicher, als es endlich loszuwerden. Frei zu sein. Ohne Haus zu sein.

Irgendwann brach sie erschöpft zusammen und ließ sich in den tiefen Abgrund fallen. Und als sie schließlich auf dem Meeresboden lag, dem Tode nahe, sah sie auf einmal ihr Spiegelbild vor sich. Zu ihrer großen Überraschung sah es glücklich aus.

„Du willst dein Haus loswerden, nicht wahr?", flüsterte das Spiegelbild.

„Ja, woher weißt du das?"

„Weil ich es auch versucht habe. Aber es geht nicht. Das Haus ist angewachsen."

„Aber ich finde es hässlich und schwer und …"

„Ich weiß", sagte das Spiegelbild. „Dein Haus wird jedoch immer ein Teil von dir bleiben. Jeglicher Widerstand ist zwecklos."

„Und was soll ich tun? Ewig unglücklich sein?"

„Du könntest Frieden schließen."

„Frieden schließen?"

„Ja, akzeptieren, wer du bist und wo du herkommst. Lerne, dich selbst zu lieben, indem du anfängst, dein Haus zu lieben."

Das Spiegelbild lächelte mitfühlend.

„Denn wie willst du glücklich sein, wenn du vor dir selbst davonläufst?"

Sie schauten sich einen langen Moment in die Augen. Und als ihr Spiegelbild kurz darauf wieder im dunklen Wasser verschwunden war, lächelte die Meeresschnecke ebenfalls. Sie hatte mit einem Mal begriffen, dass es nicht ihr Haus gewesen war, das sie unglücklich gemacht hatte, sondern das fehlende Zuhause. Sie hatte in Wahrheit nicht Freiheit, sondern Geborgenheit gesucht! Als sie hinabgetaucht war und in die eigenen mitfühlenden Augen gesehen hatte, da hatte sie diese Geborgenheit endlich gefunden und erkannt, dass sie ihr Zuhause tief in sich trug.

Das Glück liegt in dir.
Wenn du lernst, dich zu lieben,
findest du es.

Die kämpfenden
Wölfe

Es war einmal ein alter Mann, der lehrte seine
Enkel über das Leben. Er sprach zu ihnen:

„In meinem Inneren gibt es einen Kampf, einen
schrecklichen Kampf zwischen zwei Wölfen. Der
eine Wolf vereint das Schlechte – er ist Angst,
Neid, Wut, Trauer, Habgier, Arroganz, Lügen,
Schuld, Minderwertigkeit und das Ego. Der andere Wolf vereint das Gute – er ist Freude, Frieden, Liebe, Hoffnung, Teilen, Freundschaft, Mit-
gefühl, Großzügigkeit, Wahrheit und der Glaube."

Er fuhr fort:

„Den gleichen Kampf gibt es auch in eurem Inneren und ebenso in jeder anderen Person auf der
Welt."

Die Enkel dachten kurz nach. Einer von ihnen
hatte eine Frage an den Großvater.

„Welcher Wolf wird gewinnen?"
Der alte Mann antwortete ruhig:
„Derjenige, den du fütterst."

Gib gut acht, worauf du deine
Energie richtest.

Die köstliche Himbeere

Es lebte einmal ein Mönch, der liebend gerne in den Bergen spazieren ging. Jede Woche war er mehrmals unterwegs, streifte durch lange Täler und kletterte auf hohe Gipfel.

Eines Tages hatte er gerade einen Aufstieg begonnen, als er von einem hungrigen Tiger überrascht wurde. Der Tiger trieb ihn als seine Beute den Berg hinauf. Der Mönch wusste, dass er sich in einer brenzligen Situation befand, denn es war fast unmöglich, einem hungrigen Tiger zu entkommen.

Er flüchtete immer weiter nach oben, bis er die höchste Stelle erreicht hatte. Mit rasendem Herzen und Angstschweiß auf der Stirn blieb er stehen: Vor ihm tat sich ein steiler Abgrund auf. Der Mönch drehte sich um und sah den Tiger direkt auf sich zukommen. Instinktiv machte er einen Schritt zurück, doch er rutschte ab, begann zu fallen und konnte sich erst im letzten Moment an einen über die Schlucht ragenden Zweig klammern.

Dort baumelte er also, über ihm der knurrende Tiger und unter ihm der tiefe Abgrund. Hoffnung hatte er keine, denn er wusste, er konnte sich dort nicht lange halten. Da bemerkte er plötzlich neben sich an der Felswand einen winzigen Strauch, an dem eine einzige Himbeere hing. Sie sah reif und saftig aus. Der Mönch griff nach ihr und steckte sie sich in den Mund.

„Köstlich!"

Genieße den Augenblick.

Zeitreisen

Ein alter, weiser Meister saß mit einer Gruppe von Schülern zusammen.

„Ich möchte in die Vergangenheit reisen", sagte einer von ihnen. „Geht das?"

„Nein, das geht nicht", antwortete der alte Meister. „Die Vergangenheit ist längst vorbei und existiert nur noch in euren Gedanken."

„Und was ist mit der Zukunft?", fragte ein anderer. „Kann ich dorthin reisen?"

„Nein, das geht ebenfalls nicht", sagte der Meister. „Die Zukunft ist noch nicht passiert und existiert auch nur in euren Gedanken."

„Und was ist, wenn ich in die Gegenwart reisen will?", fragte schließlich ein dritter Schüler.

Der Meister lächelte. Von allen Fragen war es seine Lieblingsfrage.

„Ja, im Gegensatz zur Vergangenheit und Zukunft gibt es die Gegenwart tatsächlich, sie existiert also nicht nur in euren Gedanken." Er hielt inne und schaute in gebannte Gesichter. „Aber auch in die Gegenwart könnt ihr nicht reisen. Denn wie wollt ihr an einen Ort reisen, an dem ihr schon längst seid?"

Sei zuhause
im Hier und Jetzt.

Claus Mikosch ist ein deutscher Autor und Filmemacher, der im Herzen immer ein Nomade geblieben ist. Mit seinen Büchern über den sympathischen kleinen Buddha ist ihm ein außergewöhnlicher Erfolg gelungen. Mehr Infos unter: www.derkleinebuddha.com.

Was im Leben wirklich zählt!

128 Seiten I Gebunden
ISBN 978-3-451-39742-4

Es war einmal ein kleiner Buddha. Es ging ihm gut, doch etwas
fehlte in seinem Leben, das ihm weder die Wolken am Himmel
noch die Bäume am Boden geben konnten. Also begibt er sich
auf eine Reise und trifft dort auf Menschen, die jeder für sich
eine Antwort darauf gefunden haben, was im Leben wirklich
zählt. Und nun weiß der kleine Buddha: Es sind immer die
winzigen Dinge, die das Geheimnis des Glücks ausmachen. Eine
wunderbare Geschichte über das Glück, poetisch erzählt.

In jeder Buchhandlung!

HERDER

www.herder.de

Die Liebe findet uns ...

128 Seiten I Gebunden
ISBN 978-3-451-39840-7

Über das Glück hat der kleine Buddha auf seiner ersten Reise
allerhand gelernt. Doch auf die Frage, wie ein Mann eine Frau
finden könnte, weiß der kleine Buddha keine Antwort. Und so
begibt er sich wieder auf den Weg. Er begegnet Verliebten und
Verzweifelten, solchen, die die Liebe gefunden, und anderen,
die sie wieder verloren haben, der Liebe zu den Kindern, zu
sich selbst und zur ganzen Welt. Und allmählich begreift der
kleine Buddha, dass Glück und Liebe zusammengehören. Ob
er selbst am Ende das Glück der Liebe findet? Eine himmlische
Episode, die glücklich macht.

In jeder Buchhandlung!

HERDER   www.herder.de

Im Wandel liegt die Kraft!

144 Seiten I Gebunden
ISBN 978-3-451-39445-4

Am liebsten würde der kleine Buddha den ganzen Tag nur in
Ruhe meditieren, doch er hat kaum noch Zeit dafür. Jeden Tag
kommen Menschen, um ihn um seinen weisen Rat zu fragen.
Oft ist das ganz schön anstrengend, vor allem wenn er immer
wieder erklären muss, dass Ratschläge auch in die Tat umge-
setzt werden müssen, denn von alleine ändert sich nichts.
Und überhaupt: Müsste er nicht selber etwas ändern? Also
beschließt der kleine Buddha, einfach mal wieder zu verreisen.
Der Sommer steht vor der Tür, was könnte es für einen besseren
Zeitpunkt geben?

In jeder Buchhandlung!

HERDER

www.herder.de

Den Augenblick genießen

160 Seiten I Gebunden
ISBN 978-3-451-38585-8

Warum vergehen manche Stunden wie im Flug und ein anderes
Mal ziehen sich wenige Minuten ins Unendliche? Nach einem
Beinahe-Unfall beim Apfelpflücken lässt den kleinen Buddha
diese Frage nicht mehr los. Kurzentschlossen begibt er sich auf
Wanderschaft und erlebt, wie unterschiedlich man mit der Zeit
umgehen kann. Er sammelt erstaunliche Antworten, die dem
immer größer werdenden Bedürfnis der Menschen nach mehr
Zeit und einem klugen Umgang mit ihr entgegenkommen.

In jeder Buchhandlung!

HERDER

www.herder.de

Zuhause ist es doch am schönsten

CLAUS MIKOSCH

Der kleine Buddha
auf der Reise nach Hause

HERDER

128 Seiten I Gebunden
ISBN 978-3-451-03317-9

»Aber wo ist zu Hause«? Der kleine Buddha überlegt, was »zu Hause« sein bedeutet. Dazu begibt er sich von seinem Lieblingsplatz unter dem Bodhi-Baum auf eine weitere Reise und über die Begegnung mit verschiedenen Menschen auf ganz unterschiedliche Vorstellungen vom eigenen Zuhause: »Zuhause« kann ein Ort sein oder gleich die ganze Welt, eine Person oder nur ein Gefühl. Letzten Endes geht es darum, das Zuhause auch in sich zu finden, sich selbst Heimat zu sein.
»Wohin gehöre ich?« Ein wunderschönes Buch über eine der wichtigsten Fragen des Lebens.

In jeder Buchhandlung!

HERDER

www.herder.de